Sebastián Moreno

La noche
en los labios

Premio Internacional de Literatura
Antonio Machado 2024

Premio Internacional de Literatura
Antonio Machado 2024
Primera edición: febrero de 2024
© Sebastián Moreno
ISBN 978-84-127446-5-1

Edición de la Fondation Antonio Machado de Collioure,
con el apoyo de Région Occitanie Pyrénées-Méditerranée, Département
des Pyrénées-Orientales, Communauté de Albères-Côte Vermeille-
Illibéris y Mairie de Collioure.

Esta obra ha recibido una subvención del Ministerio de Política Territorial
y Memoria Democrática para la recuperación de la Memoria Democrática
y el reconocimiento moral de las víctimas de la Guerra Civil y de la
Dictadura.

Integrantes del jurado: Christine Rivalan Guégo, Emmanuel Le
Vagueresse, Manuel Aznar Soler, Miguel Barrero, José Manuel Lucía
Mejías y Antonio Orihuela.

Colección dirigida por: Antonio Orihuela y Verónica Sierra Blas
Diseño de la colección: Emmanuel Gimeno

Fondation Antonio Machado de Collioure
Mediateca Antonio Machado
1, Rue Jules Michelet
66190 Collioure (Francia)

Editorial La Vorágine
Calle Cisneros, 69-Bajo
39007 Santander Cantabria (España)
editorial@lavoragine.net

"El árbol de la Historia crece vigoroso y muerto"

Eugenio Barba

I

DELIRIO DE RAICES SECAS

Cuando esta historia empieza a escribirse
el enfrentamiento entre el Ejército de
Liberación del Pueblo de Sudán
y las fuerzas gubernamentales se encuentra
en fase de estancamiento.
Es muy difícil concretar cuándo empieza o acaba una guerra.
La semilla que duerme puede brotar en cualquier momento.
La corteza seca del tronco muerto puede seguir albergando vida.

Cuando esta historia empieza a escribirse...
en Sudán del Sur, 6 de cada 10 niños
están siendo reclutados por grupos armados.

[HUELLAS SOBRE LA CENIZA]

Uno de los más pequeños carga entre sus brazos —como esforzadas ramas finas del árbol de teca— unos generosos puñados de estiércol.

Tendrá unos 6 años, metro veintitrés al ir descalzo y las manos pequeñas.

Aún no ha llegado la hora de que tenga nombre.

Con el estiércol hecho boñigas reafirman los timbales terrosos que utilizan como hoguera.

Cuando anochece, como ahora, las hogueras —manufacturadas con excrementos de watusi[1]— enmarcan el poblado mundari[2]. Como bengalas, vomitan calor y humo lechoso que empieza a serpentear hasta perderse más allá del Nilo Blanco.

El humo llena todo el ambiente con una neblina espesa.

Los cuernos de las reses se estiran intentando tocar las estrellas.

Las estrellas bostezan con las mismas bocas abiertas que los peces ahogados en la orilla del río.

Las vacas yacen cansadas entre el calor y el humo. Ellas sí tienen nombre aquí.

Los pasos que no dan también dejan huellas sobre la ceniza.

Algunos adultos duermen...

Mientras haya fuego no habrá mosquitos.

A lo lejos, otro niño estimula los genitales de una vaca para que su hermana mayor la ordeñe con mayor facilidad.

Sin éxito. Aún no han aprendido a coordinarse bien.

Cuando el cielo se cierra del todo y la noche es lo único que puedes llevarte a la boca, hasta el hambre se duerme.

---

1 Tipo de vaca que abunda en Sudán del Sur.

2 Una de las tribus de Sudán del Sur, junto a los dinka y los nuer.

[GALLETAS EN LOS BOLSILLOS]

En el interior del maletero de un coche, los que algún día heredarán, como es costumbre, los nombres de las watusi que ordeñan: JEANNE y LOUI.

JEANNE: ¿Te has dormido?

LOUI: No.

JEANNE: ¿Estás llorando?

LOUI: No.

JEANNE: ¡Estás llorando!

LOUI: ¡Qué va!

JEANNE: Pensé que las niñas éramos más lloronas... También pensé que los niños erais más fuertes... Pero... Eres tan delgado... Con esos brazos, ¿qué podrías hacer? Yo le di una patada en el tobillo cuando me tiró del pelo...

LOUI: Yo...

JEANNE: Sé que no pudiste defenderme... No te preocupes... ¿Sabrán encontrarnos?

LOUI: No sé...

JEANNE: Papá y mamá...

LOUI: No sé...

JEANNE: También estarán llorando...

LOUI: No sé...

JEANNE: ¿Debería llorar yo también?

LOUI: Yo no estoy llorando...

JEANNE: A mi no hace falta que me engañes... Si hubiera luz aquí dentro lo vería... No puedo moverme. No puedo estirar el brazo y tocarte las pestañas... No puedo sacarme la galleta del bolsillo... ¿Tienes hambre?

LOUI: Sí.

JEANNE: ¿Crees que nos harán daño?

LOUI: No sé...

JEANNE: ¿Nos enseñarán a disparar?

LOUI: No quiero.

JEANNE: Cuando se llevaron a Margie, la enseñaron a disparar con los ojos vendados... Le cegaron y nunca supo a quién había matado. Pero no podía dejar de soñar con el ruido de los cuerpos al caer. Vi todo eso en los ojos de nuestra vaca...

LOUI: ¿Cuándo viste todo eso?

JEANNE: Hace mucho...

LOUI: ¿Sí?

JEANNE: ¿Oyes eso? Ha parado el motor.

LOUI: Sí... ¿Cuánto tiempo crees que llevamos en marcha?

JEANNE: ¿Cuánto?

LOUI: Sí... ¡Cuánto!

Loui empieza a patalear. Jeanne intenta hacerle callar.

JEANNE: Sssst. ¿De verdad quieres salir de aquí?

LOUI: ¡No lo sé! Deja de preguntarme tantas cosas. Trágate tus preguntas llenas de espinas...

JEANNE: Click. Apaga la radio. Se acaban las interferencias. El coche ha parado. Saca la llave del contacto. La tarde se come el ruido del motor. Sube la ventanilla. Abre la puerta y la puerta cruje. Pone el pie izquierdo fuera del coche. No va descalzo. Saca el pie derecho. El gancho del cinturón golpeando el chasis produce un sonido metálico.

Suena un portazo.

JEANNE: Silencio. Está quieto. Eso es una cremallera. ¿Qué hace? Se está alejando... ¿Va a dejarnos aquí?

LOUI: ¡No! No quiero.

JEANNE: Ssst. Más pasos, pero aún lo oigo cerca. ¿Lo oyes? Dos golpes de tacón sobre la corteza de un árbol. Otra vez la cremallera, esta vez más corta, o tal vez más lejos. ¿Qué hace? ¿Está regando el árbol? ¿Tienes sed?

LOUI: Sí. Y hambre...

JEANNE: Cuando pueda moverme te daré una galleta...

Silencio.

JEANNE: Está volviendo para acá, se acerca al coche. Se detiene. Está cerca del maletero.

Silencio tenso.

JEANNE: *(susurrando)* Ahora lo que oigo es tu corazón... ¡y el mío...! ¿Qué hace ahí quieto?

LOUI: ¡¿Por qué no hace nada?!

El adulto que les secuestró abre decididamente el maletero. La luz del sol estalla clavándose en los ojos de los niños, habituados a la oscuridad del cubículo. Gritan con los ojos cegados:

JEANNE: ¡No nos hagas daño! Nuestros padres están de camino.

LOUI: ¡Déjanos ir!

JEANNE: Sí, escapa. Saldremos corriendo. No diremos nada. Estás a tiempo.

LOUI: ¿También tú te llevaste a Margie?

JEANNE: ¿Sabes dónde están los otros niños?

Le gritan sintiéndose muy pequeños. El miedo y las posturas que habían contraído les dificulta ser ágiles. Impaciencia al otro lado, algún tirón de alguna pierna, algún mordisco esquivado, y un golpe seco en el audífono que lleva el hombre en su oreja izquierda.

JEANNE: ¡No podréis enseñarnos a disparar! ¡No pienso agarrar ningún arma!

Ahora les escuchará algo mejor. Ellos intentan salir del coche. LOUI se lanza sobre su pierna. Muerde con toda la rabia y con el hambre acumulada. Muerde como un león en peligro. Los ojos se le llenan de furia. Recibe un golpe con la culata de un arma en la cabeza. Después JEANNE recibe otro golpe similar al intentar defenderlo. Se desmayan.

Los arrastrará, cogidos por los pies, camino abajo, hasta que desaparecen, entrada ya la noche. Desapareciendo, alejándose, borrándose…

Los intermitentes del coche seguirán proyectando sombras entrecortadas entre la carretera y los árboles…

Mmmmmm…

Cuando GAMAR —la watusi más anciana— sueña, el humo de las hogueras se tiñe del color del membrillo. Como si sangrara. Si pudiéramos entender sus espasmos, el susurrar del viento nos devolvería cartas de amor a la paz y presagios de llanto:

GAMAR: [Donde desaparecen las hogueras se pierden sus huellas. Pero no están lejos. Los niños que nos robaron ya no caminan descalzos. Avanzo a través de la maleza, aparto algunas nubes con el rabo y los veo detrás de un árbol. Veo el hambre en sus ojos. Veo las picaduras en sus mejillas. Veo las escopetas pintando rozaduras en sus hombros. Los veo hacer apuestas sobre si esa mujer embarazada que yace muerta en la acera estaba embarazada de un varón o de una niña antes de que los señores de la guerra le cuarteen el vientre. Los veo celebrar quién tenía razón…]

Cuando despierta, sobre sus legañas se han posado decenas de moscas… No solo por eso llora…

[EL POZO DE LOS MIL OJOS]

El pequeño LOUI despierta y aún no ha amanecido.

LOUI: Siento salada esta saliva negra entre los dientes.

¿Cuánto tiempo he estado durmiendo? ¿Dónde está Jeanne?

Me acabo de marear.

Me está creciendo un pozo bien profundo en la boca del estómago y todo se me cae dentro como por un tobogán.

Si meto las manos debajo de la camiseta hago el pozo más profundo y me encuentro cosas.

Me encuentro el hambre y lo miro a los ojos.

Tengo hambre. Mucha hambre.

No huele a leche. Siento arcadas. Es el hambre.

Escupo intentando marcar el suelo y me mancho aún más.

Tengo el pantalón mojado. Hacía mucho que no me lo hacía encima.

¿Si me miro dentro del ombligo podré ver lo que andan haciendo mis padres?

En el pozo también hay sed. Me retuerzo y la miro a los ojos.

¿Jeanne, estás cerca? ¿Dónde te han llevado?

No se oye ningún motor encendido. Tampoco hay cigarras.

Tendría que haberte defendido.

Me acuerdo del poblado.

Aprieto los puños, tendría que hacerme fuerte. Entre los dedos aprieto toda la rabia que conozco.

Tengo ganas de vomitar. ¿Por qué está tan oscuro?

Coloco un puño delante del otro y miro a través de ellos. A lo lejos.

Aquí no hay nada. Nada parece estar lejos. Todo es negro como los ojos de las watusi.

El pozo ruge. Creo que sigue creciendo.

Si fijo la mirada detrás de esa rama puedo ver unos ojos.

Dos.

Y dos más.

Y dos más. ¿Qué miráis? ¿Quiénes sois? ¿Habéis salido del pozo?

| *Se quita la camiseta.*

LOUI: No me asustáis. Volved a entrar.

Vuestros ojos amarillean. Son ojos de niños pequeños.

¿Cuántos años tenéis? ¿Sabéis andar?

Hay que aprender a andar entre la caliza...

Hay que aprender a salir corriendo...

¡Cuántas veces sueño que tengo que salir corriendo y los pies fallan!

¿También vosotros tropezáis? ¿También me observáis mientras duermo?

Me gustaría correr todo el tiempo hasta que se hiciera de noche... O, al menos, hasta que el cielo se vuelva naranja, o hasta que se callen las garzas... o... o...

¿De qué tendría que escapar?

Sé a qué sabe el polvo entre los dientes y sé cómo se manchan de sangre las rocas...

¿Vosotros lo habéis visto? ¿Os ha pasado? ¿Os han golpeado? ¿Os han enseñado a disparar? ¿Os han explicado para qué es necesario disparar? ¿Qué es más importante aprender primero: a golpear o a esquivar los golpes? ¿De quién hay que desconfiar?

A veces pienso que era más rápido cuando gateaba...

¿Siempre estáis ahí? ¿Por qué es tan importante para vosotros mirarme?

Veo vuestros ojos y vosotros miráis mis pies... Están llenos de heridas...

¿No os habéis cansado de mirarme las costras? ¿También tenéis, vosotros, heridas?

Me oís y calláis... ¿Estáis ahí?, ¿de verdad? ¿Dónde están vuestros cuerpos? ¿Por qué sois solo unos ojos de niño flotando en la noche? ¿Es igual de oscuro el pozo que me está creciendo apretándome las costillas?

¡Hablad!

¿Acaso tenéis las costras en la lengua? ¿Sangre en el paladar? ¿La noche en los labios? ¿Un secreto pudriéndose entre los dientes, queriendo escapar? ¿Acaso, las encías llenas de silencios?

¿Por qué calláis todo lo que sabéis?

¿Para qué aprendí a correr? ¿De qué tendría que escapar?

¿Por qué tropiezo incluso en sueños?

¿Qué miráis? ¿Qué sabéis de mí que yo no sepa?

Me gustaría abriros la boca y arrancaros los pensamientos... Pero mis dedos son pequeños... No podía transportar mucho estiércol. Nunca fui útil. Ser pequeño te hace inútil, ser inútil te hace sentirte más pequeño.

¿Por qué calláis todo lo que sabéis?

¿Por qué siempre calláis?, ¿por qué, siempre?

Los otros niños del poblado hablan...

Si cerrara los ojos, dejaría de veros...

Es más fácil tropezar si corres con los ojos cerrados...

Si corres con los ojos cerrados, puedes imaginar tu destino cosido a la espalda como unas alas...

¿También un día os raptaron a vosotros?

¿Acaso os habéis quedado aquí para siempre?

Un día, tendré tanta fuerza en las manos como para arrancarle la lengua al señor de la guerra que nos metió en un coche. Será fácil. Habré visto cosas parecidas antes.

¿Sabréis callaros esto?

Aprieta fuerte los párpados. Los vuelve a abrir.

LOUI: ¿Dónde habéis ido? Aún no me habéis dicho nada...

Un ave cruza la noche.

LOUI: Tengo hambre. *(Se traga otro silencio).* Tenía que haberte defendido…

Mmmmm...

Cuando GAMAR sueña, un tiempo épico se estira en sus sueños, como sus cuernos.

GAMAR: [Las ruedas de los coches están tan gastadas que no dibujan el camino a casa. Veo niños pequeños encerrados en los coches. En un maletero he llegado a adivinar hasta siete cuerpos. Cuanto más pequeños mejor. Veo a los guerrilleros arrastrándolos. Celebran la captura de los más pequeños. Cuánto más pequeños mejor, piensan todo el tiempo. Los más jóvenes son los mejores. No imaginan ni remotamente que puedan morir. No tienen miedo. Sobre esa piedra hay un niño sosteniendo una ametralladora que mide más que él...]

Cuando despierta, le sobresalta un espasmo abdominal que le trae recuerdos de cuando se ponía de parto. Eso ya es imposible...

[LA COSTURERA]

Algunas niñas hunden sus pies en las arcillas níveas del Nilo Blanco. Chapotean y juegan desnudas. El reclutador las observa en la orilla, sentado de cuclillas, con su AK47 colgado del hombro mientras masca tabaco.

LA NIÑA DE LA CABEZA VENDADA: No quiero volver a ponerme ese traje.

LA NIÑA DE OJOS PARDOS: ¿A vosotras también os quitaron los vestidos?

LA NIÑA DE HERIDAS EN LOS BRAZOS: Con un machete.

LA NIÑA DE LA CABEZA VENDADA: El mío quedó hecho tiras y lo lanzaron al fuego.

LA NIÑA CON PICADURAS EN LAS MEJILLAS: La ceniza de sus fuegos no sirve.

La más mayor se embadurna de arcilla el pubis para disimular su incipiente vello.

LA NIÑA DE LA CABEZA VENDADA: Estamos lejos del poblado.

LA NIÑA DE OJOS PARDOS: ¿Por qué aquí no hay vacas?

DOS DE ELLAS: Así hay mosquitos…

Otra hunde la cabeza en el agua.

LA NIÑA DE HERIDAS EN LOS BRAZOS: Mi madre era la costurera de la tribu. Más pequeña me quedaba mirándola coser durante horas. Tenía agujas de diferentes tamaños.

LA NIÑA DE OJOS PARDOS: ¿Aprendiste a coser?

LA NIÑA DE LA CABEZA VENDADA: Yo aprendí a cocer arroz antes de ir a la escuela.

LA NIÑA CON PICADURAS EN LAS MEJILLAS: La clase estará vacía. Cada vez somos más aquí. Estarán rezando por nosotras. Solíamos rezar mirando la pizarra cuando faltaban los compañeros. Cuando veíamos un pupitre vacío sabíamos lo que significaba.

LA NIÑA CON LA CABEZA VENDADA: Tendrían que venir a buscarnos. Rezar no vale de nada.

LA NIÑA DE OJOS PARDOS: No digas eso.

LA NIÑA CON PICADURAS EN LAS MEJILLAS: Hay que aprender a cocinar. A coser. A correr. A ordeñar. Y a rezar. No sé cual de esas cosas es más importante.

Y se frota las mejillas con arcilla.

LA NIÑA DE OJOS PARDOS: ¿Te pica mucho?

LA NIÑA CON PICADURAS EN LAS MEJILLAS: Un poco.

LA NIÑA CON LA CABEZA VENDADA: A mí también me pica y me duele la herida.

LA NIÑA DE OJOS PARDOS: ¿Cómo te la hicieron? ¿Fue un golpe?

LA NIÑA DE LA CABEZA VENDADA: Intenté escapar y me caí contra una roca al oír un disparo.

LA NIÑA DE HERIDAS EN LOS BRAZOS: Es peor intentar escapar. Las carreteras están llenas de huesos… No te puedes enfrentar a una amenaza. Mi madre vivía amenazada. Cosía y lloraba. Nunca quiso que aprendiera a coser.

LA NIÑA DE OJOS PARDOS: ¿A ti te hicieron esas heridas queriendo escapar, también?

LA NIÑA DE HERIDAS EN LOS BRAZOS: No. Un día intenté aprender a coser y me acerqué a las telas en silencio. Mi madre me descubrió enseguida y me arañó con agujas candentes para que les tuviera miedo y se me fuera la idea de la cabeza. A ella le torturaba ser la única del poblado capaz de coser los trajes militares que la milicia le pedía a punta de kalashnikov.

LA NIÑA DE LA CABEZA VENDADA: ¿Nuestros trajes…?

LA NIÑA DE HERIDAS EN LOS BRAZOS: Más de una vez la vi rellenar con trigo las rodilleras de los trajes más pequeños, pensando en los que aún gateaban…

> *El reclutador empieza a chistar.*
>
> *Salen corriendo del agua y se visten con atuendos militares. Algunas tienen que darle varias vueltas a los bajos del pantalón y las mangas. JEANNE, escondida bajo una caseta sin techumbre ha observado parte de la escena.*

[LAS MOSCAS]

Los ojos tristes. La mirada, de izquierda a derecha, con la lentitud de una duda. Las ideas; hirviendo. Por puchero, su frente. La noche en el pelo, el hambre en los cuencos vacíos del viejo comedor.

JEANNE: Hace días que no pruebo bocado. Hace días que no hundo mis dedos en el cuenco de arroz. Se lo dejo todo a las moscas. Las demás me miran. No quiero comer. Mamá se iba a labrar con legañas en los ojos para traernos comida. Decía que teníamos que comer para crecer. No quiero crecer. Si pruebo el arroz creceré. Me haré grande. Podré sostener un arma. Dejaré de caber en el maletero de un coche. Me crecerán los pechos. Cuando te crecen un poco los pechos te llevan al caserón. Las niñas vuelven del caserón con heridas en las muñecas... Se lo dejo todo a las moscas. Todo, cuando se acercan. Este cruce de caminos se llenará de moscas gordas y tendremos que irnos lejos de aquí. Hasta ellas querrán escapar.
Como tú...

Una mosca gorda cruza la estancia.

Aún puedes comer más. Todavía no eres del todo pesada y repugnante. Si cierro los ojos puedo imaginar moscas del tamaño de mis manos que apenas consiguen levantar el vuelo. No os gusta andar solas, así que os vais juntando más y más moscas enormes alfombrando todo el camino... Se hace imposible caminar sin pisaros. Se os hace imposible esquivar el pisotón.

La mosca se posa sobre una ventana como si quisiera asomarse.

Las niñas vuelven del caserón con arañazos en la espalda. Desde que no como no me husmeáis los labios. Tampoco deambuláis por mi frente, tampoco os asomáis a mis ojos. Desde que rechazo el arroz me duele la cabeza. A menudo, también me duelen las rodillas, como si un perro las estuviera royendo. Las noches que se juntan ambos dolores no duermo; creo en Dios y le rezo. Si solo me duele la cabeza, no rezo.

La mosca prosigue su deambular sin marearse.

Si una noche consigo esconderme en el maletero de un coche estoy segura de que volveré al poblado. Si el coche arranca, estar en silencio. Si el coche se detiene, inspirar profundo y contar hasta diez. No pensar. No respirar.

Ahora la mosca, en el suelo, intentando caminar.

Me quitaron todo. Me desnudaron. Peinaron mi pelo estirando las trenzas entre las púas como se estira la masa de pan. Extiende los brazos, dijeron. Y dejaron caer sobre ellos este traje y un cinturón sin el que se me caerían los pantalones. Si hubiera podido esconder el lazo que llevaba en las trenzas entre los dientes, sin atragantarme, ahora podría anudarlo al retrovisor del coche con el que bajan al poblado cada día a por más niños. Y tú, mamá, que me lloras y me sueñas, lo hubieras reconocido y caminarías tras las huellas de las ruedas y llegarías aquí y aunque tuvieras que cruzar una alfombra de moscas gordas, vendrías a por mí.

La mosca permanece quieta desde hace rato amorrada a una mancha de café que ha encontrado en el suelo. Le brillan los ojos.

Las niñas vuelven del caserón con los ojos derritiéndose en lágrimas. Lágrimas gordas saltando en estampida desde sus pestañas. Podría montar en una de esas lágrimas y llegar de nuevo hasta vosotros. Si grito no me oís. Si lloro no me secáis las lágrimas. Si duermo no aparecéis. ¿Me estáis buscando?

La mosca ascendiendo en espiral y curioseando alrededor de una bombilla.

Hace días que no pruebo bocado. Hace días que me acuesto con dolor de cabeza.

La mosca acercándose a la ventana de nuevo, ruidosa como un mal presagio.

Las niñas vuelven del caserón con moratones en los muslos.

La mosca zigzagueando como su dolor de cabeza.

Si cierro los ojos, ato el lazo rojo de mis trenzas a una mosca del tamaño de un hipopótamo y salimos volando a buscaros. Me lleva a casa. No hay nadie. Llegas con lágrimas en los ojos después de labrar. Te pellizcas al verme. No te lo crees. Te acercas. Me miras a los ojos. Y te abrazo.

La mosca, de nuevo, plantada en la mancha de café, como si la descubriera por primera vez.

Creo que las moscas no saben abrazar...

La ventana abierta al anochecer. La mosca ensimismada, los cuencos vacíos... Las ideas ahora, a fuego lento.

Tengo sed.

Mmmm…

Cuando GAMAR sueña, el desierto se estira como una mancha atávica en sus sienes. Se imagina capaz de nadar en las pupilas húmedas de una gacela y sus suspiros se vuelven arcillosos.

GAMAR: [Oigo entre los susurros de los montes y las plegarias de las cigarras algunos rezos inocentes. El chamán les rocía las mandíbulas con brebajes ácidos, los empolvan y sacuden con algunas plantas y les hacen cantar algunas letras infames. Me pierdo en los detalles del ritual con el que les harán creerse invencibles, mientras una serpiente se aleja por la ladera. Veo las legañas en los ojos de niños drogados, veo como les tatúan la frente y les hacen tajos en las mejillas haciéndoles creer que estos les harán invulnerables. Veo… a los guerrilleros apuntándoles con armas. Veo el miedo en sus ojos. Las han cargado con salva[3] y disparan contra ellos para hacerles creer que el ritual les protege de las balas. Veo las balas a un lado y otro de las cabañas, veo como se le caen los pantalones a una niña por el peso de esas balas en los bolsillos. Veo… y oigo a las niñas llorar en el caserón… Veo la guerra extendiéndose como una sombra enferma sobre el barbecho. Veo al sol secándonos las heridas para que no sangren.]

Cuando despierta, la polvareda se le incrusta en las pestañas. Parece que habrá tormenta…

---

3 Cartucho de fogueo que carece de proyectil o bala.

[LOS SECRETOS DE LOS PECES]

Los más pequeños juegan en el arcilloso río. Solo les cubre hasta los tobillos. Se ve perfectamente a los peces que embadurnados de arcilla blanca tratan de nadar en él. Juegan con palos a intentar cazarlos. Los golpean. Descargan su rabia, aporrean el agua, los clavan en la tierra.

Una ráfaga de tiros cruza el viento.

El juego se paraliza.

Se miran unos a otros.

Salen del agua y se visten. Han dejado un reguero de peces malheridos. Con uno de ellos se distrae LOUI, que se resiste a salir.

LOUI: *(tocándole las branquias)* Hoy he soñado que volvía a la aldea. Aquí no es fácil dormir. Cuesta incluso respirar. Si duermes con la boca abierta amaneces con la boca llena de moscas y la lengua seca. ¿Por qué haces eso con la boca? ¿Te cuesta respirar? Te brillan los ojos.

He soñado que volvía a la aldea.

Me adentraba intentando no pisar a las watusi que se estiraban unas contra las otras. He soñado que volvía a ducharme bajo el chorro de su orina. Y que ésta me doraba el pelo como a los adultos. He soñado que después me untaba con ceniza de excrementos y mi piel se volvía gris. Me llenaba todo de ceniza menos los labios.

He visto que al amanecer volvían los adultos con cabritos a las espaldas. He soñado que las mujeres salían a labrar. He soñado con mi watusi preferida, Loui, y que también ella se dejaba untar con las cenizas de los excrementos. He soñado, que agradecida, me contaba un secreto. ¿También tenéis secretos los peces?

El pez cada vez abre la boca con menos fuerza, como intentando jalar algo de oxígeno.

LOUI: Me ha contado que cuando me escape me pondrán su nombre.

Un golpe con la culata de un arma en la cabeza, y el pez se escurre. Se escapa río abajo. LOUI se duele. No opone resistencia. Coge la mano de su secuestrador y salen de la orilla.

LOUI: ¿Cuándo podré llevar yo una?

Un empujón lo calla y lo invita a seguir avanzando.

[SI CIERRO LOS OJOS...]

JEANNE que sigue esquivando al grupo cuando se despistan los Generales y sigue evitando comer, muy débil, sobre una almohada improvisada en un flanco del caserón intentando conciliar el sueño, entre párpados apretados y un idilio de ramas secas que mece el viento.

JEANNE: Si cierro los ojos, ato el lazo rojo de mis trenzas a una mosca del tamaño de un hipopótamo y salimos volando a buscaros. Me lleva a casa. No hay nadie. Llegas con lágrimas en los ojos después de labrar. Te pellizcas al verme. No te lo crees. Te acercas. Me miras a los ojos. Y te abrazo.

El sueño le seca las lágrimas.

Y te abrazo.
Si cierro los ojos, te abrazo...

Ni acaso un bostezo.

Si cierro los ojos, veo vuestros cuerpos de madres y padres amarrados a qué espera...

La Luna acariciando raíces, semillas y telarañas.

Si cierro los ojos, lanzo migajas de galletas al cielo e incendio con ellos el camino, y vuestros hocicos hambrientos, vuestros hocicos, de lobos y perros hambrientos, vuestros hocicos acuden al encuentro. Os llevan al caserón. Llegáis con polvo en los lomos. Ladráis. Me oléis el regazo. Os abrazo. Me laméis las heridas... Y os abrazo.

[FESTÍN DE OLVIDOS, DE CASAS ROTAS]

Un grupo de chavales de los más mayores, borrachos entre los matorrales. Los ojos de LOUI observando la escena, como asustados pájaros en las ramas del tiempo.

EL QUE SOSTIENE DOS FUSILES: ¿Visteis cómo se lo hicieron encima cuando les apuntamos con éstas?

EL DE LAS BOTAS ROTAS: Miserables, valen menos que su arroz. Si no quieren morir que se aparten, que se escondan... Que se metan en un pozo...

EL QUE LLEVA LA BOTELLA DE AGUARDIENTE: Mi casa era un pozo...

EL DEL PARCHE EN EL OJO: ¡Matar por un sí!

EL DE LA BOCA TORCIDA: ¡Matar por un no! ¿Quién quiere volver a casa?

EL QUE LLEVA LA BOTELLA DE AGUARDIENTE: Mi casa era la boca de un tiburón.

EL DE LA BOCA TORCIDA: Se me ponen los pezones duros cuando me emborracho...

EL DE LAS BOTAS ROTAS: Que no se nos pongan por delante...

EL DE LA BOCA TORCIDA: Matar por salvarse...

EL DEL PARCHE EN EL OJO: ¡Por vengarse!

EL QUE LLEVA LA BOTELLA DE AGUARDIENTE: Mi casa era un barril de pólvora.

EL QUE SOSTIENE DOS FUSILES: Solo nos estamos haciendo respetar...

EL QUE LLEVA LA BOTELLA DE AGUARDIENTE: Mi casa era un lobo vestido de lobo hambriento.

EL QUE SOSTIENE DOS FUSILES: Una casa con colmillos, un poblado con hambre... Si no escapas, pueden morderte...

EL DE LA BOCA TORCIDA: He visto morder un corazón que aún latía...

EL DE LAS BOTAS ROTAS: ¿Por eso se te quedó la boca así, desgraciado?

EL DE LA BOCA TORCIDA: Aquí todos nos hemos llevado lo nuestro. Bájate los pantalones y demuestra que no es cierto lo que dicen...

EL DEL PARCHE EN EL OJO: El fusil es el que manda...

EL DE LA BOCA TORCIDA: Si les apuntas a la entrepierna empiezan a sudar...

EL QUE SOSTIENE DOS FUSILES: El fusil es un lobo vestido de lobo hambriento, como dice ése... ¿Eh, poeta?

EL QUE LLEVA LA BOTELLA DE AGUARDIENTE: Mi casa le gritaba al oído a los animales que se fueran lejos de allí.

EL QUE SOSTIENE DOS FUSILES: Tu casa tenía una voz sudorosa...

EL QUE LLEVA LA BOTELLA DE AGUARDIENTE: Mi casa estaba rota.

EL DEL PARCHE EN EL OJO: Tu casa era una arcada... Como todas las nuestras...

EL DE LA BOCA TORCIDA: Ni las moscas se acercaban...

EL QUE SOSTIENE DOS FUSILES: Es una buena manera de practicar, apuntarle a las moscas...

EL DEL PARCHE EN EL OJO: Matar por un poco de arroz, por una botella de aguardiente, por gritar, por callarse...

EL DE LAS BOCAS ROTAS: Este calor secará la sangre...

EL QUE LLEVA LA BOTELLA DE AGUARDIENTE: Mi casa... está dentro de un pozo negro que se ha comido a mi casa. Cuando ganemos la guerra, tendremos mucho dinero y compraremos otra casa...

LOUI cansado de mirar, se aparta a los márgenes del camino, con una estampida de pájaros quemándole entre las sienes.

Mmm...

*Cuando GAMAR sueña, las luciérnagas se columpian de sus estre-
llas favoritas rasgando y haciendo tiras al cielo. Los pedazos caen
al otro lado del río.*

GAMAR: [Sin hacer mucho caso a las moscas que también revolo-
tean mi sueño, y persiguen a mi rabo y se chocan contra mi frente
como balas inofensivas, avanzo como volando y descubro a dos niños
que planifican la fuga. Aprovechan que el campamento se ha con-
vertido en un coro de ronquidos de hombres borrachos y sudados, y
huyen con miedo de hacer ruido al quebrar las ramas. Al que llega
más lejos lo interceptan cerca de su casa y después de darle un cu-
latazo en las costillas y a punta de arma le entregan la antorcha con
la que iluminaban su búsqueda y le obligan a quemar todas las per-
tenencias del poblado... Al más pequeño, que se ha enganchado en
un árbol con las cuerdas de su cantimplora, lo entregan al más cruel
de los reclutadores entre risas. Aprenderá lo que le hacen a los niños
que intentan hacerse cargo de su destino, los que quisieran agarrar-
lo con las manos... Enchufan la sierra mecánica y el suelo se tiñe de
sangre. Veo a ese niño con el brazo vendado, y su mano cortada y
muerta apoyada en el hombro, recostarse entre sollozos en un saco
de arroz más grande que él...]

*Cuando despierta, sus ojos son un nido de hierba seca, lágrimas y
moscas. El corazón viejo late con poca fuerza, como una tos enferma.*

[LOS MISMOS OJOS, LA MISMA LECHE]

LOUI: Este camino se estrecha al fondo queriendo escapar de aquí. No queda casi nada. Es el viento quien lo pisa. Hasta las piedras se han ido apartando de él. Está lleno de polvo. Polvo, polvo y más polvo. Como en mis ojos llenos de legañas. La hierba está manchada del mismo polvo. Como mis piernas. ¿Como las de Jeanne? Polvo. Polvo y tierra. Y viento. El polvo que ondea con el viento dibuja remolinos, como el humo de una hoguera.

LOUI camina descalzo, coge una piedra y la lanza todo lo lejos que puede. La piedra cae más cerca de lo que quisiera. Mete las manos en sus bolsillos con gesto cansado.

Una mano en su hombro le sobrecoge.

MARGIE: Os acabarán trayendo a todos... ¿Qué haces aquí?
LOUI: ¿Quién eres?

Silencio.

LOUI: ¿Por qué me miras así? ¿Por qué llevas puestos los ojos de mi madre? ¿Quién eres? ¿Le hiciste daño? ¿Se los quitaste? ¿Lloras con los ojos secos? Conocí a alguien que lloraba así... Pero han pasado muchos años y debe ser mayor que tú... ¿De dónde has salido? Antes de que se la llevaran bailaba entre la broza del pueblo con su único vestido... Tenía siete años más que yo y dejó de beber leche para que la tomáramos nosotros... ¿Sabes de quién hablo? ¿Eres tú? ¿Por qué no has crecido? Una vez le mordí en el muslo. Peleábamos mucho. Papá decía que era normal que los hermanos se peleen. Aunque también decía que morder era de cobardes. Ahora siento mucho haberle hecho daño. Siento mucho no haberme despertado con el ruido de aquel coche que se la llevó. Siento mucho no haber corrido tras él. Siento mucho no haberla encontrado. Siento mucho haber seguido bebiendo leche cuando ya no estaba. ¿Sabes de quién hablo? ¿Sabes quién lloraba con los ojos secos?

MARGIE: ¿Por qué no vinisteis?

LOUI: Yo...

MARGIE: ¿No oísteis mis gritos?

LOUI: Yo...

MARGIE: Yo también lancé piedras contra este camino. Antes no quería estar aquí.

LOUI: ¿Eres...?

MARGIE: Un camino es otra cosa.

LOUI: ¿Qué?

MARGIE: Un camino conduce hasta algún lugar.

LOUI: ¿Dónde acaba este?

MARGIE: Ni acaba ni empieza. Hasta el camino querría salir corriendo.

LOUI: ¿Es tarde para salir corriendo?

MARGIE: No sabría volver.

LOUI: Podemos intentarlo. Jeanne también está aquí.

MARGIE: Si dejas de tomar leche, las piernas dejan de crecer... Cada vez se hace más difícil correr. Pobre Jeanne. ¿También dejó de tomar leche? Tienes las piernas fuertes y llenas de polvo...

LOUI: ¿Cuánto hace que no desayunas leche?

MARGIE: Dejé de tomarla antes de venir aquí. No había leche para todos. Brindé mi cuenco de leche a hermanos que no salieron corriendo cuando me traían...

LOUI: No oímos nada. Lloramos. Lloramos mucho... Y las lágrimas nos paralizaron.

MARGIE: Ahora que estás aquí, ¿entiendes que tampoco correrán a buscaros?

LOUI: ¿Alguna vez cruzaste el río?

MARGIE: ¿Vinisteis en un coche verde?

LOUI: ¿De verdad sabías que acabarían trayéndonos?

MARGIE: ¿Han nacido más niños en el pueblo? ¿Niñas?

LOUI: ¿Importa eso?

MARGIE: ¿Sabes lo que le hacen a las niñas?

LOUI: ¿Crees que podamos escapar?

MARGIE: ¿Sabes lo que le harán a Jeanne?

LOUI: ¡Dime! ¿Viste a alguien escapar?

MARGIE: ¡Dime tú! ¿Deja una de ser niña cuando le crecen los pechos?

LOUI: ¿Lo deja de ser cuando aprende a disparar?

MARGIE: Lo deja de ser el día que deja de hacerse preguntas y acepta las respuestas.

LOUI: ¿Por qué se hacen tan largas las noches aquí?

MARGIE coge la piedra y se la devuelve a LOUI.

MARGIE: Sigue practicando. Si cierras un ojo, mejora la puntería. Y no dejes nunca de hacerte preguntas...

MARGIE está por irse.

MARGIE: Si oyes gritar a Jeanne, con gritos que nunca antes oíste, dispara. No lo pienses. Dispara. No te tapes los oídos. Dispara. No llores. Dispara. No corras. Dispara. No intentes argumentar nada. Dispara. Solo si la oyes gritar de un modo desconocido... Existen vocales que aún no conoces...

LOUI: No te vayas...

MARGIE: Mamá decía que debíamos protegernos. Por eso tomaste leche. Por eso intenté gritar. Por eso soñé tantas noches con vuestro abrazo desde el maletero de un coche. Por eso aprendí a disparar por si os pasaba algo. Ahora es tarde. No queda leche. A Jeanne deben haberle empezado a crecer los pechos, y tú... tú sigues siendo un pequeño cobarde como decía papá... ¿Aprendiste a jugar a fútbol con el resto de niños?

LOUI: Jeanne guarda una galleta en sus bolsillos desde hace días... Dice que no quiere perderla. Que tal vez si la huelen los perros del poblado vendrán a su encuentro... ¿Tú también pasas hambre? ¿Por eso dejaste de crecer?

MARGIE: ¿Qué importa eso ahora? ¿Dónde está Jeanne?

LOUI: Se la llevaron esta mañana. Aún no han vuelto. ¿Sabes dónde van? A veces creo oír voces donde se estrecha el camino, pero no me acerco.

MARGIE: ¿A qué le tienes miedo? ¿Qué podría empeorar? ¿Querrías comerte esa galleta?

LOUI: Sigues haciendo preguntas difíciles. Eres la mayor. Te aprovechas de eso. No hay duda de que eres tú. Tienes los ojos de mamá cuando se va a labrar. ¿Te acuerdas? ¿Te puedo abrazar?

MARGIE: Aquí no existen los abrazos. Ni los bailes. Ni se puede cantar. Entre los gritos y el entrenamiento se te llenan los ojos de legañas mirando el camino. He olvidado el sabor de la leche... ¿Tú aún te acuerdas?

> *Otra pregunta difícil sobre las sienes de LOUI. Mira al horizonte. Lanza la piedra. Vuelve a caer a su lado. Le decepciona que no le hayan ayudado ni las fuerzas ni acaso el viento.*

LOUI: No lo sé...

> *Se enfada.*

LOUI: Aquí todo sabe a polvo.

Se miran. LOUI intenta apoyarse en MARGIE. Ésta, rechaza su abrazo.

Mm…

Cuando GAMAR sueña, se le vuelve la leche agria. Las garzas se callan. Y hasta empieza a crecer hierba alrededor de su barbilla.

GAMAR: [Si avanzo abriéndome paso entre la broza y escogiendo los caminos menos apetecibles llego hasta el campamento base. Si pudiera caminar como antes, y no solo en sueños… Vaca que sueña niña, niña que sueña vaca… Veo como llegan las familias hambrientas, buscando a los hijos del poblado, esquivando arañazos e insolación… Les veo llegar y veo al señor de la guerra salir desnudo, corriendo solo con sus botas y disparando al aire asesinando delante de los niños a sus seres más queridos. Veo nubes de tristeza en las pupilas de los niños que ven como asesinan a las familias que se acercan. Veo nubes de miedo en las pupilas de los hombres que entienden que acercarse a recuperar a los niños es aún peor que asumir que sus risas no volverán al poblado. Veo una madre encontrarse con los ojos de un niño que ahora tiene la mirada perdida y barba de 19 años… Veo la hierba mustiarse y las hojas de los árboles oteando la escena, y las ramas sosteniendo el firmamento… Veo hogueras hechas de ramas de teca. Cuando los últimos árboles sean talados, el cielo — que sostienen— caerá sobre nosotros.]

Cuando despierta, un relámpago la encuentra.

II

EL TRONCO VIGOROSO Y MUERTO

La Guerra se seguirá extendiendo durante al menos una década.

Los niños y niñas seguirán siendo semillas
para el árbol de la Guerra.

Al árbol empezarán a crecerle raíces fuertes y profundas.

En ninguna de sus hojas ni flores se encontrarán caricias.

Con los otoños, el viento lo deshojará de motivos y razones.

Bajo su sombra habrá muchos frutos que no crezcan.

Empezará el barbecho.

Un árbol es un árbol. Es un árbol…

Un árbol no se puede ordeñar.

El árbol de la Guerra no amamanta.

[EL DELANTAL]

Los años se llevaron los bucles rizados que dibujaban las trenzas antaño aposentadas sobre la cabeza de JEANNE. Lleva puesto el delantal de las niñas que no aprendieron a disparar y carga las manchas de guisos de maíz que prepara para los más mayores. En su mirada perdida se ahogó una luciérnaga. Se oye un grito en el viejo caserón. Ella aprieta los párpados, como cada vez que esto ocurre.

JEANNE: Si cierro los ojos, ato el lazo rojo de mis trenzas a una mosca del tamaño de un hipopótamo y salimos volando a buscaros. Me lleva a casa. No hay nadie. Llegas con lágrimas en los ojos después de labrar. Te pellizcas al verme. No te lo crees. Te acercas. Me miras a los ojos. Y te abrazo.

Llora con los ojos secos esta vieja letanía conocida que ha sido su mejor amiga durante las últimas lunas llenas.

Si cierro los ojos, os veo escupir con asco sobre vuestras armas. Vuestros ojos intentando desabrocharme el delantal. Yo intentando gritar sin conseguirlo. La boca abierta al anochecer. Mi boca que es la mía y la de todas las niñas, mi boca, tumulto de bocas abiertas a la tierra, sobre la pared, clamando piedad.

Otro grito largo como el filo de un machete.

Si cierro los ojos, vuelvo a acuclillarme en aquel maletero. El fulgor de ese motor. El olor a gasolina. El caucho gastado de las ruedas.

Otro grito final y un portazo quemando las paredes del caserón. Volviéndolas ceniza.

La niña dentro del maletero de un coche. Yo dentro de la niña. La rabia dentro de mí. El sudor y el hambre escapándose hacia el río...

Una muchacha desnuda, con los tobillos temblorosos, los brazos extendidos, moratones entre los muslos y arañazos en los hombros saliendo del caserón cruza corriendo el camino.

No abras los ojos.

Detrás de ella, LOUI saliendo del caserón subiéndose los pantalones, acercándose a la corteza de un árbol.

No mires. Sssst.

Una mosca se posa en una mancha de maíz de su delantal. En esas manchas se han dormido muchas noches los gritos.
JEANNE aprieta aún más los párpados.

[EL PUERCOESPÍN]

JEANNE: Ssst. Dos golpes de tacón sobre la corteza de un árbol. Eso es una cremallera. ¿Qué hace? ¿Está regando el árbol? Tengo sed. Un chorro largo. Dos pasos. Una sacudida. Y otra. Y otra. Ahora sube la cremallera. La hebilla del cinturón le golpea la muñeca. Dos pasos más. Eso es el sonido de la duda. Roce de tela contra su piel como si se arremangara las mangas o se apretara un vendaje. Respira profundo. Tose. ¿Esa tos? Aprieto más fuerte los ojos. Ya no retumban gritos entre las paredes del caserón. El portazo deja de mecer la puerta. Dos pasos más. Tose. Se acerca. ¿Pasará de largo? Aprieto más fuerte los ojos como queriendo exprimirlos. Vuelve a toser. Camina despacio. Se ajusta el asa de un arma sobre el hombro. Pone el seguro al gatillo. Las balas rechinan en las cámaras del cartucho. Eso es un AK47. Lo reconozco. Sigue caminando. Está cada vez más cerca. También creo reconocer esos pasos…

Incluso de noche, la sombra de la silueta de LOUI se traga la figura de JEANNE acuclillada.

LOUI: ¿Qué haces ahí? Deberías irte a dormir. No sabes que los lobos husmean a las muchachas que andan solas en la noche…

JEANNE abre los ojos. Ve a LOUI y un asombro de mar se le abre en el pecho. Abre la boca como nunca antes y está por gritar. LOUI se abalanza y le tapa la boca antes de que el sonido pueda borrarse con la palma de su mano. JEANNE le muerde en la mano con la rabia de mil leonas. LOUI aguanta el dolor y recuerda:

MARGIE (off): Si oyes gritar a Jeanne, con gritos que nunca antes oíste, dispara. No lo pienses. Dispara. No te tapes los oídos. Dispara.

No llores. Dispara. No corras. Dispara. No intentes argumentar nada. Dispara. Solo si la oyes gritar de un modo desconocido… Existen vocales que aún no conoces…

| *LOUI como queriendo y evitando abrazarla a la vez.*

LOUI: ¿Qué haces aquí sin fusil? ¿Por qué no te dieron uno? Tranquila. Si no gritas te suelto… No grites, no grites, deja de morderme. Mi padre decía que morder es de cobardes. No grites… acabo de entender quién eres.

| *Poco a poco se sueltan.*

JEANNE: ¿Cómo se llamaba la watusi que ordeñabas?

| *LOUI atragantándose con un nudo de espinas y recuerdos.*

JEANNE: Dímelo… si has conseguido convertirte en alguien valiente.
LOUI: ¡Qué más da ya eso!
JEANNE: ¿Tienes hambre?
LOUI: No…
JEANNE: ¿Vienes del caserón?
LOUI: ¿Te llevaron alguna vez?
JEANNE: Dicen que van a firmar acuerdos y empezarán a liberarnos a cambio de más armamento. ¿Crees que pueda ser verdad?
LOUI: A veces venden a los más torpes o a los más cobardes. Deberías conseguir un arma. ¿No aprendiste a disparar?
JEANNE: ¿Crees que seguirán llorando por nosotros?
LOUI: Eso ya no importa. Estamos casi todos aquí.
JEANNE: ¿Quién estará ordeñando ahora a Jeanne?

El nudo de espinas y recuerdos se llena de alfileres y se hace grande en la garganta de LOUI.

LOUI: ¿Te negaste a aprender a disparar? ¿Te negaste?

JEANNE: Las niñas que aprendían a disparar perdían el miedo a estar aquí.

LOUI: Es importante para sobrevivir.

JEANNE: ¿No lo entiendes? El miedo es lo único que me queda. Lo único para mí sola.

LOUI: El miedo paraliza. El miedo te llena de preguntas, y las preguntas pesan. No se puede cruzar el río cargando ese peso. No se puede asaltar una casa. No se puede pensar quién es quien se pone delante del arma. ¿Aún no lo entendiste?

JEANNE: Entregarse a las armas es el secreto de los cobardes. Pensé que las niñas éramos más lloronas... También pensé que los niños erais más fuertes...

LOUI: Alguien me dijo exactamente eso en el maletero de un coche.

JEANNE: Pero, eras tan delgado... Con esos brazos, ¿qué podrías hacer?

El nido de la garganta de LOUI es ya un puercoespín que late, respira y se arrastra laringe abajo.

JEANNE: ¿Has matado a alguien?

El puercoespín abrazado a la tráquea.

LOUI: Pensé que la primera vez me vendarían los ojos... A la semana de los primeros asaltos, empieza a molestarte más mancharte de sangre que el sonido de las balas.

JEANNE: ¿Te creció pelo en la barba o en la entrepierna?

LOUI: Y la culata del AK47 dejó de arrastrarse... Como al resto.

Como está escrito.

JEANNE: Siguen llegando niños cada vez más pequeños…

LOUI: Es más seguro estar aquí, ¿no crees?

JEANNE: ¿Seguirán ordeñando a Jeanne? ¿Quién lo hará con Loui?

Los ojos tiernos de LOUI clavados en el infinito y un ataque de tos.

LOUI: Una vez me encontré a Margie…

JEANNE: Pensé…

LOUI: Parecía que le había arrancado los ojos a mamá…

JEANNE: ¿Estaba… bien?

LOUI: Tampoco quería marcharse. Me ayudó a entender muchas cosas…

JEANNE: La noche se ha tragado los motivos de esta guerra, ¡y mis trenzas…! Lo decía mamá… Me niego a cambiar de opinión.

LOUI: Deberías ganarte un fusil. Podría conseguírtelo. Quitarte ese delantal…

JEANNE: Si cierras los ojos, ¿qué ves?

LOUI: Intento no hacerlo. El sueño es una trampa.

JEANNE: Si lo haces… ¿Qué ves?

LOUI: A alguien que avanza hacia a mí con un arma cargada…

JEANNE: El coche verde con sus ruedas gastadas sigue trayendo niños… niñas…

¿Sabes que es diferente siendo niñas, no? ¿Vienes del caserón?

LOUI: *(enfadado)* Deberías dejar de hacer tantas preguntas… Las preguntas no sirven para nada. Hasta que no dejes de hacerte preguntas, no empezarás a entender de qué va esto.

JEANNE: *(También grita)* Tal vez puedas conseguir que deje de hacerlo… Tienes un arma. Vamos, sé valiente. Dispárame.

LOUI se levanta. Se ajusta el arma al hombro. Escupe.

LOUI: Nadie desea morir. Créeme. He visto morir a mucha gente.

JEANNE: Si no lo haces gritaré... Gritaré fuerte... Tendrás que taparme la boca con tus manos agrietadas y te volveré a morder con la fuerza de todos los lobos hambrientos que imagines.

LOUI: Hay vocales que aún no conoces... No lo hagas...

JEANNE: ¿Por qué?

LOUI: Porque los lobos hambrientos no muerden. No aprietan sus mandíbulas. Olisquean y rasgan la carne con sus dientes...

JEANNE llora con ojos secos. El viento la despeina.

JEANNE: ¿Qué más te dijo Margie? ¿Te preguntó por mí? Heredó su nombre antes de que la trajeran...

LOUI: Si cierro los ojos, la recuerdo advirtiéndome. Y te imagino de rodillas gritando en el caserón con la espalda arañada y dolor en la entrepierna... Y siendo yo un niño indefenso incapaz de defenderte otra vez. Tal vez por eso me aferré al fusil. Tal vez por eso sea mejor para ti no quitarte ese delantal...

El puercoespín estirando sus púas hacia los pulmones de LOUI. Se vuelve de plomo y le oprime el pecho. Llora como un niño pequeño. Como hacía tiempo que no lo hacía. Se avergüenza de hacerlo. Se enfada y dispara al aire. Varias veces.

LOUI: ¡Sigo sin poder quitarme una pregunta de la cabeza! ¿sabes?

Un grupo de muchachos acude con botellas de aguardiente al encuentro de los tiros.

LOUI: ¿Por qué papá pensaba que era un cobarde?

Vuelve a perforar el aire con el kalashnikov, recibe a los muchachos entre gritos y risas, se apropia de una botella. Beben. Algunos miran a JEANNE con ganas de desabrocharle incluso el delantal. LOUI les hace cambiar de idea. Se alejan.

JEANNE se queda en compañía de una noche abierta como la boca de un muerto.

[EL AVISPERO ANESTESIADO]

El grupo de muchachos como una torva de nieve en mitad de la noche, como una caterva de cuervos asustados, como un enjambre de espinas; avispero sumido en un áspero zumbido que habita un desierto de delirios embelesados. Beben, se drogan, abrazan sus armas, escupen, se desnudan, se pelean, comparan sus músculos, sienten la excitación en cada poro, tragan alcohol hasta que la visión se emborrona, blasfeman y sueñan que consiguen amarrar sus gritos a la noche estrellada.

Uno de ellos, fuera de sí, empieza a disparar contra la corteza de un árbol. Los ojos como dos carbones encendidos, el aliento entrecortado, el pecho por delante de la barbilla, la tensión volviéndose taquicardia... El resto lo tranquiliza. Le quitan el arma. Le obligan a orinar y lo acuestan. Unos pocos se ríen, otros siguen soñando con convertirse en gigantes.

El árbol herido no sangra.

Un alacrán se asoma lleno de polvo y vuelve a esconderse.

Al poco, casi todos duermen.

LOUI, arrastra su embriaguez hacia otro árbol cercano.

La noche sigue construyendo su castillo de silencios, de vacío, de recelo.

[EL NIÑO CANSADO DE COMER HIERBA]

*Unos gritos invaden el sueño de LOUI. Sobresaltado, despega la
cabeza de su arma y se pone de pie. Los ojos abiertos como dos lunas
llenas, los brazos colmados por la firmeza de la adolescencia, y algo
de vello manchado del alcohol en el bigote. Sigue el ruido y llega a un
socavón de tierra. En el interior, un niño cansado de comer hierba.*

LOUI: ¿Qué haces ahí?¿Por qué lloras?

EL NIÑO CANSADO DE COMER HIERBA: Vete. Estoy escondido. Por tu culpa me encontrarán. Vete. Llevo días aquí metido. ¿Tienes algo para comer?

LOUI: Si les haces caso podrás comer. ¿Por qué lloras? No llores...

EL NIÑO CANSADO DE COMER HIERBA: Quiero volver a mi casa. Quiero volver a dormir abrazado a mi madre. Quiero volver...

LOUI: Si de verdad quieres a tu madre, hazles caso. Y deja de patalear.

EL NIÑO CANSADO DE COMER HIERBA: No quiero escuchar tonterías. Las tonterías sientan mal cuando tienes hambre.

LOUI: Sigues llorando cuando gritas. Sigues usando las vocales para gritar... No debes llevar mucho tiempo aquí.

EL NIÑO CANSADO DE COMER HIERBA: Me trajeron hace tres días. Me desnudaron. Me pusieron un traje militar. Me arañaron la frente. Me golpearon. Me dijeron que si me portaba mal me obligarían a matar a mis padres. Me escapé. Cavé un hoyo con mis manos. La primera noche seguía moviendo los brazos como si cavara mientras dormía. Llevo dos días aquí. Aquí no me encontrarán. Pero tengo hambre. Aquí no hay nada para comer. Solo hierba. Debo tener los dientes verdes.

LOUI: Está muy oscuro, ahora siempre es de noche en tus bolsillos. No se ve nada. ¿Crees que podrás escapar así? ¿Sabes lo que le hacen a los que intentan escapar? ¿A los que pretenden coger su destino entre las manos?

EL NIÑO CANSADO DE COMER HIERBA: ¿Los matan? Seguro que sería mejor así...

LOUI: Nadie desea morir. He visto morir a mucha gente. Créeme.

EL NIÑO CANSADO DE COMER HIERBA: Mis padres vendrán a por mí... Solo tengo que esperar unos días.

LOUI: Si quieres a tus padres, es mejor que los olvides. Ellos también quieren lo mejor para ti y, si es así, saben que estás más seguro aquí. Haz caso. Báñate en el río. Aprende a ser rápido en los pillajes. No comas mucho pero hazte fuerte. Hazte más grande que un saco de arroz. No llores. No pienses en la familia. No eches de menos ordeñar tu vaca. Acostúmbrate a las moscas. No imagines lo que sufren las niñas en el caserón. Cuando te crezca vello en las piernas reclama un arma más grande. Y nunca te separes de ella. Y así les harás el mejor regalo a tus padres, porque significará que estás vivo...

EL NIÑO CANSADO DE COMER HIERBA: Vivir no es eso... Os han engañado a todos. Todo esto: las armas, los rebeldes, la dignidad, la fuerza, es una trampa.

LOUI: La única trampa aquí es el sueño. Nunca duermas profundamente pues cualquiera podría destrozarte si te pilla indefenso. Aquí nadie cuida de nadie. Sea del bando que sea. La única que no te tenderá una trampa será tu arma. Si la escuchas y la abrazas, no te abandonará y te dará todo lo que seas capaz de amontonar.

El niño casado de comer hierba sigue pataleando y gritando.

EL NIÑO CANSADO DE COMER HIERBA: Vete. Déjame aquí y no digas que me viste. No lo digas. Nunca. Por favor.

LOUI: No es lo mejor para ti, créeme.

EL NIÑO CANSADO DE COMER HIERBA: O dispárame. Aquí está oscuro. Tú lo has dicho. No sufras, no me verás callarme. Ya cierro los ojos, va. Dispárame. Si es como tú dices, no merece la pena... No quiero quedarme, no puedo volver. Si vienen a por mí se ponen en peligro... Va, dispárame.

> *LOUI introduce su fusil en el socavón y roza la frente del niño con él. El pequeño con los párpados apretados tiembla.*

EL NIÑO CANSADO DE COMER HIERBA: ¿Me darías algo de comer antes?

LOUI: ¿Pero por qué queréis todos que os dispare? ¿Tiene ojos de asesino todo aquel que tiene un arma? ¿Los tendrás tú en unos años? ¿Tengo ojos de asesino? ¿Acaso puedes verlos desde ahí?

EL NIÑO CANSADO DE COMER HIERBA: Creo que sí. Va, dispara.

> *Arrima el arma entre los dedos contra su frente. Su pequeña mano amorrada al cañón. Y temblando, lloriquea como un bebé en mitad de la niebla.*

LOUI: ¿No quieres que dispare? Agárrate fuerte, va. Sería una pena disparar a alguien tan valiente. Ven conmigo. Sé donde hay leche. Me recuerdas a alguien... Yo también quise escapar y pataleé algunos meses... ¿ya habías aprendido a ordeñar?

> *LOUI le ayuda a salir de su agujero. El pequeño intenta abrazarlo. LOUI rechaza el mimo. Se cogen de la mano y avanzan un poco en mitad de la explanada. Alejándose, desapareciendo, empezando a borrarse...*

LOUI: ¿Quieres comer algo?

> *De repente el pequeño sale corriendo y se lo traga el camino...*

[YAMBA Y OTROS LATIDOS DEL CORAZÓN]

Sobre un viejo colchón relleno de trigo, MARGIE encinta, que lleva semanas lejos de las contiendas, le habla entre dientes a su vientre abultado. Las fiebres se hacen dialecto, el sudor se vuelve verbo.

MARGIE: Solo tú sabes cómo late mi corazón por dentro.

Vas entendiendo qué significa estar en guerra.

Abrirse a la vida sin miedo como se abre una granada en mitad del desierto.

No dejaré que seas ni cobarde ni pequeño.

Serás fuerte. No tendrás sueño.

Tomarás la leche de mis pechos.

Te haré fumar yamba[4] desde pequeño. Te llenará los ojos de legañas ácidas. Te secará los mocos. Te hará latir con la fuerza de las rocas contra los océanos. Será la única forma de que veas el mar. Te hará sentirte fuerte, menos enfermo. Evitará que sientas que estás herido, si se da el caso. Te vaciará la cabeza de preguntas innecesarias. Te enseñará otros alfabetos. Te hará invencible. Te hará disparar sin miedo.

No tengas miedo. No tengas miedo. No tengas miedo.

Solo tú sabes cómo late mi corazón por dentro.

Vas entendiendo qué significa este lamento de árboles muertos.

Si fuera necesario, te untaré cocaína en las heridas, en las mejillas, en las sienes para anestesiarte. Te sentirás pleno. Te las pintaré con narcóticos para que nada te asuste. Lo he visto hacer.

No tengas miedo. No tengas miedo.

Serás fuerte. No tendrás sueño.

Tomarás la leche de mis pechos.

---

4 Tipo de cannabis producido en África.

Vas entendiendo qué significa este llanto de hojas al viento.

Solo tú sabes cómo late mi corazón por dentro.

Te enseñaré a apuntar con un ojo cerrado. Te enseñaré abrazar a tu fusil con los ojos abiertos. Aprenderás a restar largas horas despierto. Vas entendiendo qué significa este grito callado capaz de horadar el cemento.

Solo tú sabes cómo late mi corazón por dentro...

Vas entendiendo qué significa esta ceguera de hermanos sedientos.

Vas entendiendo esta pesadilla watusi que estira el tiempo.

Vas entendiendo, vas entendiendo... este delirio de sangre enamorado, de errores y aciertos, de ambición, de destierro... este festín de olvidos, este sendero de polvo que olvida el sueño. ¿Qué digo?

Vas entendiendo, vas entendiendo... qué significa ser el más fuerte en este baile de huesos.

No tengas miedo.

Solo tú sabrás cómo mi corazón late por dentro.

[LAS HOJAS DESESPERANZADAS]

Otra muchacha escapa corriendo del caserón. Lleva los pantalones por los tobillos. La luna hace que le brillen las piernas entre la hierba. También brillan sus sollozos afilados. Tropezando, consigue alejarse del camino entre la maleza. No muy lejos, MARGIE da a luz. Llora el recién nacido. Un coche arranca. Se oyen gritos y disparos al aire. Algunas hojas desesperanzadas caen desde las copas de los árboles.

[EL ÁRBOL DEL MIEDO]

Sentado entre las raíces de un viejo árbol, dándole de nuevo tragos a una botella de aguardiente.

LOUI: En mis sueños te sigo agarrando los cuernos.

Han pasado varios años. Me creció algo de pelo en las piernas...

Las botas se me ajustaron a los pies...

Seguro que ya me olvidaste. Han pasado demasiadas lunas llenas.

Los otoños me han ido deshojando la maraña de preguntas que tenía por cabeza.

Ahora solo tengo respuestas.

Las preguntas son raíces y ramas del árbol del miedo.

Y ya no tengo miedo.

¿Lo oyes, papá? He perdido el miedo.

Las gallinas sólo ponen huevos si les proporcionas sombra.

Si entra arroz en el estómago, no dejas sitio en él para preguntas.

Cuando tienes a alguien enfrente con un machete y los ojos llenos de ira, no dudas.

Cuando estar con los rebeldes significa vivir más, sobran las respuestas.

Cuando amar a tu fusil te hace ser más libre, por cada cuestión que olvidas se enciende una estrella.

Cuando la noche es lo único que puedes llevarte a la boca, los brazos del niño drogado no le hacen preguntas a las balas.

Cuando arrastras contigo a una muchacha y os desnudáis en el río, es mejor que no preguntéis nada con el fuego ardiendo entre las piernas.

A este lado, el arma te otorga la capacidad de hacer callar, de conseguir lo que quieras, de sentir que eres capaz de conservar la cordura, de perder el miedo.

Si la llevas colgada al hombro puedes tragar y escupir aguardiente.

Puedes incluso dormir con el índice en el gatillo.

Un susurro suyo bastará para avisarte...

¿Quién quiere limosna, quién quiere leche, quién quiere pan, si teniendo un arma lo compras todo?

Han pasado demasiadas lunas llenas.

Las botas se me ajustaron a los pies...

No hay lugar para dudas ante un disparo...

Ya no me hace daño el asa del fusil...

Ya no me seca los ojos la hoguera del árbol de teca.

No te cruces en mi camino, no me hables, si no has llorado todas las preguntas que eras capaz de hacerte cuando empezó la guerra. Si no has bailado abrazado a tu kalashnikov, borracho bajo un manto de luciérnagas. Si no has olvidado las nanas de tus padres, si no comprendes el dialecto de la contienda.

Papá...

Han pasado varios años. Me creció algo de pelo en las piernas...

Un día te salen rizos en el pecho; al otro, se te olvida el poblado; al otro, la noche se traga tus preguntas, y, al otro, dejas de soñar con escapar...

¿Sigues pensando que soy un cobarde?

Las gallinas sólo ponen huevos si les proporcionas sombra.

En algunos bolsillos, se siguen pudriendo galletas.

[EL AGUACERO Y OTROS TEMBLORES]

Se abre una grieta en el cielo, vociferante. Todos buscan cobijo, como pueden, corriendo entre la tormenta. Los truenos se arremolinan y la lluvia empieza a borrar los ecos de largas noches.

JEANNE: Si cierro los ojos sueño con volver...

MARGIE: No tengas miedo. No tengas miedo...

LOUI: Ya no soy un cobarde.

JEANNE: ¿Quién te estará ordeñando ahora?

LOUI: ¿No os habéis cansado de mirarme las costras?

JEANNE: ¿Sigues saliendo a labrar, mamá?

MARGIE: ¿Han nacido más niños?, ¿niñas?

LOUI: Papá...

MARGIE: Con las niñas es diferente, ¿lo sabes?

JEANNE: Si cierro los ojos, vuelvo a ese maletero...

LOUI: Papá.

JEANNE: Y escapo...

MARGIE: No tengas miedo. No tengas miedo.

LOUI: Deberías hacerte con un fusil.

JEANNE: Si cierro los ojos…

MARGIE: Hay vocales que aún no conoces…

LOUI: Papá…

MARGIE: Un camino es otra cosa…

JEANNE: ¿Tienes hambre?

MARGIE: No tengas miedo. No tengas miedo.

LOUI: Ya no… Ya no soy un cobarde.

El último relámpago que quema el aire lo deja todo absolutamente a oscuras.

M...

Cuando GAMAR sueña, y cada vez lo hace menos..., lo hace en minúsculas, como se escriben las historias que se cuentan alrededor del fuego.

GAMAR: [Adivino entre las hojas manchadas de sangre los rayos de sol que se filtran entre las raíces también manchadas de sangre del árbol al que encadenan a los pequeños que intentan escapar. Sus pequeñas manos que antes nos ordeñaban están llenas de callos. De arañazos. De picaduras. Quien les encadena también fue un niño al que una noche robaron los sueños, los libros, los lápices y las preguntas.

La pizarra duerme con su rebaño de pupitres, como duermen los peces en el Nilo Blanco, como duermen mis ubres antes turgentes, como duermen los grillos acercándose temerarios al calor de las hogueras.

Y auguro el retorno de algunos de esos niños buscando su infancia perdida, correteando con rodillas adultas y dientes arrancados, entre el manto de cuernos y humo, oyendo noticias de padres muertos, de vecinos enfermos, de escasez de leche y de futuro en un lodazal seco y cuarteado como sus familias. Secos. Como sus aldeas saboteadas...

Cada vez más frágil.

Cuando el sueño deje de soñar que sueña, empezará a resplandecer todo lo que no hicimos.]

III
IDILIO DE RAMAS CIEGAS

En un claro del bosque, a las afueras de Yambio (Sudán del Sur),
se celebra hoy una ceremonia. De desmovilización.
Se trata de un acto simbólico organizado por el Gobierno
en el que una docena de ex niños soldados, uniformados y armados,
dejan sus fusiles y se llevan unos cuadernos y unos lápices.
Al acto, repleto de público, asisten todos los líderes locales,
miembros del Gobierno y hasta el embajador de Estados Unidos.

Aunque ya se sabe...
Es muy difícil concretar cuándo empieza o acaba una guerra.
La semilla que duerme puede brotar en cualquier momento.
La corteza seca del tronco muerto puede seguir albergando vida.

[Y TE ACERCAS Y TE VAS DESPUÉS DE BESAR MI ALDEA]

El humo lechoso de las hogueras sigue enarbolado. Como un grito que se arruga como el aluminio, abrazándose al aire espeso del poblado mundari. Los adultos de la aldea que hoy intentan acompañar en sus últimos alientos a una vaca anciana, observan como, a lo lejos, un muchacho vuelve con la mirada perdida y unos cuadernos en los brazos.

Ya no es un niño y se adentra entre las hogueras.

Ya no tiene miedo y avanza sin detenerse.

Aún no tiene nombre y ya aprendió a emborracharse.

Y aprendió a disparar y olvidó los abrazos.

Y, hoy, frente la mirada perdida en la negrura de los ojos de esa watusi, se sorprende al sentir que un puñado de preguntas nuevas empieza a germinarle debajo del paladar.

EL QUE VUELVE: ¿Por qué me miras así, con esas moscas columpiándose por tus pestañas?

Si las moscas supieran abrazar se amarrarían fuerte.

¿Por qué ya no te levantas?

¿Estás aquí?

¿O ya te has ido?

¿Alguna vez te hice daño?

Hay que soplar muy fuerte debajo del rabo,

lo recuerdo bien,

lo aprendí,

lo supe hacer,

y así ,

tranquilizándote,

es más fácil ordeñarte.

¿Te queda leche para darnos?

Arrodillada a su lado, una madre, tras un puñado de respuestas inalcanzables que se esparcen entre la manada, frente a la mirada varada de los ojos de esa watusi, intentando pintar de azul las largas noches de invierno.

UNA MADRE: ¿Por qué no abanicas ya con tu rabo las ideas del aire espeso?
¿Por qué te tumbaste entre las cenizas de estiércol?
También, tú, serás ceniza, en los rincones del tiempo.
¿Te hubiera gustado ver el mar?

¿Respuestas? Tal vez solo queden preguntas y alguna respuesta huérfana en esta aldea.

Heredará tu nombre.
El que dejó de ordeñarte.

EL QUE VUELVE: ¿Si yo te miro, tú me miras?
¿Si yo te abrazo, tú respiras hondo?
¿Ya no remueven la tierra tus hocicos blandos?
Nunca vi un pozo tan negro como tus ojos.
Ni una leche tan dulce como las últimas gotas que me manchaban las manos.

UNA MADRE: ¿Tienes ganas de salir volando?

EL QUE VUELVE: ¿Te acostumbraste a estos atardeceres rojos?

UNA MADRE: Heredará tu nombre...

EL QUE VUELVE: ¿Qué ves con todo ese cielo meciéndose en tus ojos?

¿Por qué no brillan como el agua?

¿Cómo puede, brillar algo seco?

De pequeño, necesitaba las dos manos para taparte un ojo.

¿Cómo podrías cerrar el otro?

UNA MADRE: ¿Bajo qué chorro de orín se bañarán ahora los que no tienen nombre?

¿Quién les dará sombra, entre juegos y lloros?

Tu rabo entre las piernas, que ayer fue abanico, matamoscas, pala, puño y látigo...

EL QUE VUELVE: Tu rabo entre las piernas es lo más triste que me encuentro...

¿Volveré a tomar leche?

¿Crees que ahora, me pondrán nombre?

UNA MADRE: Dejarás de mancharle las manos.

Heredará tu nombre...

EL QUE VUELVE: Cuando esta noche se llene todo de moscas, intentaré no llorar.

Como un incendio bajo la nieve...

Así mi corazón.

UNA MADRE: Aquí nunca hace frío.

Aquí solo nieva en el libro que comparten los niños en la escuela.

Y yo, observándote, sin quitarme esta pena.

Como una antorcha en mitad de la niebla...

Así mi corazón.

Un relámpago, que es a la vez pregunta y respuesta, cruza el cielo de Yambio. Y se acerca y se va, después de besar la aldea. Se va, pensando en volver, se va pensando en regar las raíces, la tierra.

UNA MADRE: Y todas las nubes cupieron en el ojo de una vaca muerta.

No sé si lo sabes, pero lo hiciste muy bien.

Querida watusi, lo hiciste muy bien.

[LA NOCHE EN LOS LABIOS]

EL QUE VUELVE entre el recelo de los mundari adultos, alguna mirada de desconfianza y un velero cargado de sueños y plomo hundiéndose entre sus pechos, deja en la tierra los cuadernos que le han otorgado. Se desnuda revelando el abandono de la infancia tatuado en el tamaño de sus músculos y en el vello rizado de su entrepierna y se amorra con los ojos inundados de ilusión bajo el chorro de orines de una vaca. Esa ducha fresca le atará a los hombros una alforja de recuerdos felices. Se sentirá pequeño como el que se enfrenta por primera vez a la inmensidad del mar. Retozará y se secará al sol. Entre risas irá a buscar los restos de una hoguera apagada y, con la emoción de la primera vez, se embadurnará todo el cuerpo con la ceniza de excrementos que habrá resultado después de estar encendida toda la noche…

Un viento helado parece sembrar entre las ramas ciegas los deseos de un niño soldado.

LOUI NIÑO (*recuerdo off*): [He soñado que volvía a la aldea. Me adentraba intentando no pisar a las watusi que se estiraban unas contra las otras. He soñado que volvía a ducharme bajo el chorro de su orina. Y que ésta me doraba el pelo como a los adultos. He soñado que después me untaba con ceniza de excrementos y mi piel se volvía gris. Me llenaba todo de ceniza menos los labios.]

EL QUE VUELVE se embadurna todo el cuerpo hasta mostrarse completamente gris, dejándose la noche en los labios, pariendo una sonrisa tímida y eterna.

Mientras la noche sigue cerrándose, sigue tragándose el humo de las hogueras.

IV
SEMILLAS EN BARBECHO
(EPÍLOGO)

Cuando esta historia acaba de escribirse,

lejos de Sudán del Sur, en Occidente,

cerca de kilómetros de paseo marítimo

lamidos por el Mediterráneo

—por ejemplo—

un padre elige con su hijo de 6 años un juguete

en un tenderete de venta ambulante.

Hay más de veinte modelos distintos de

escopetas y pistolas de plástico

que imitan los detalles militares de algunas de las más peligrosas.

El diseño incluye efectos con luces LED e

imita el sonido de las metralletas.

Disponen de gatillo, cargador extraíble, empuñadura ergonómica,

culata y punto de mira dotado con láser.

Cuando esta historia acaba de escribirse,

en Occidente, 6 de cada 10 niños

siguen jugando con armas de juguete.